Katja Göddemeyer

Feiertage, Feste und Bräuche

So feiern die Menschen in Deutschland

Spaß am Lesen Verlag
www.einfachebuecher.de

Text in Einfacher Sprache: Katja Göddemeyer
Cover: Windmill Productions

ISBN 978-3-948856-06-9

Katja Göddemeyer

Feiertage, Feste und Bräuche

So feiern die Menschen in Deutschland

Schwierige Wörter oder Ausdrücke sind unterstrichen. Die Erklärungen stehen in der Wörterliste am Ende des Buches.

Inhalt

Vorwort

Überall auf der Welt feiern die Menschen Feste. Dabei pflegen sie ihre Bräuche. Viele Bräuche haben ihren Ursprung in den verschiedenen Kulturen und Religionen.

Bei uns in Deutschland sind die Familien-Feste wie Weihnachten und Ostern besonders beliebt. Kein Wunder! Man kann ausschlafen. Es gibt leckeres Essen. Und es gibt Geschenke.

Aber was genau feiern wir eigentlich?

Viele Menschen haben vergessen, dass Feiertage Gedenktage sind. Feiertage erinnern uns an bestimmte Ereignisse oder an wichtige Personen. Hierzulande haben die meisten Feste einen christlichen Ursprung. Aber auch die Muslime, Juden, Hindus und Buddhisten in Deutschland feiern ihre eigenen Feste.

Manche Feiertage haben einen politischen Hintergrund. Zum Beispiel der „Tag der Deutschen Einheit“. Und es gibt so verrückte Feste wie „Holi“ – das Fest der Farben. Das ist ein Brauch aus Indien.

Manche Bräuche wirken auf Menschen aus anderen Kultur-Kreisen seltsam. Doch bei gemeinsamen Festen werden Fremde oft zu Freunden. Mit diesem Buch möchten wir dazu beitragen. Es enthält eine Auswahl von Festen und Feiertagen, die wir jedes Jahr feiern.

Viel Spaß beim Lesen!

Heilige Drei Könige

Am 6. Januar feiern die Christen den Dreikönigstag. Damit erinnern sie an die Heiligen Drei Könige. Aber wer waren diese Heiligen? Und was geschah am 6. Januar?

Caspar, Melchior, Balthasar
Das sind die Namen von den drei Königen. Sie werden auch die „Drei Weisen aus dem Morgenland" genannt. Das sind Figuren aus der Bibel.

Die Bibel ist das wichtigste Buch für die Christen. So wichtig wie der Koran für die Muslime oder die Thora für die Juden. In der katholischen Kirche werden die drei Könige als Heilige verehrt.

König der Juden
Der Legende nach folgten die drei Weisen einem hellen Stern. Der Stern führte sie nach Bethlehem. Dort lag das neugeborene Jesuskind. Die drei Weisen brachten ihm Gold, Weihrauch und Myrrhe. Für sie war Jesus der neue König der Juden. Es heißt, dass die drei Weisen aus Europa, Asien und Afrika kamen. Wegen ihrer Herkunft und wegen ihren kostbaren Geschenken hielt man sie für Könige.

Zauberer
Aber wer waren die Männer wirklich? In der Bibel steht, dass sie die Sterne erforschten. Und dass sie Zauberer waren. Angeblich konnten sie sogar in die Zukunft sehen.

6. Januar
Die drei Weisen erreichten Bethlehem am 6. Januar. Für uns bedeutet dieser Tag das Ende der Weihnachtszeit. Der Weihnachtsbaum fliegt endgültig raus und der Weihnachts-Schmuck landet wieder in den Schubladen.

Sternsingen
Kinder und Jugendliche verkleiden sich als die Heiligen Drei Könige. Sie ziehen von Haus zu Haus. Sie tragen einen Stab mit einem Stern vor sich her und singen Lieder. Sie sammeln Geld für arme Kinder auf der ganzen Welt.

Segen
Zum Dank schreiben die Sternsinger mit Kreide C+M+B an die Haustüren. C+M+B steht für „Christus Mansionem Benedicat". Das ist lateinisch. Es bedeutet: „Christus segne dieses Haus".

Köln
Im Jahr 1164 brachte der Erzbischof von Köln Kriegsbeute aus Italien mit. Es waren Gebeine. Angeblich stammten sie von den Heiligen Drei Königen. Man fertigte dafür einen kostbaren Schrein: den „Dreikönigen-Schrein". Er steht immer noch im Kölner Dom.

Der Kölner Dom. Sein Bau wurde 1248 begonnen und erst 1880 vollendet.

Tag des Gedenkens an die Opfer des National-Sozialismus

Am 27. Januar 1945 befreiten die sowjetischen Truppen das Konzentrations-Lager Auschwitz. Dieser Tag war das Ende von furchtbarem Leid. Seit 1996 ist der 27. Januar ein nationaler Gedenktag.

Adolf Hitler

Von 1933 bis 1945 regierte in Deutschland Adolf Hitler. Adolf Hitler war der „Führer“ von den National-Sozialisten. Er und seine Anhänger hielten bestimmte Bevölkerungs-Gruppen für minderwertig. Besonders die Juden. Adolf Hitler wollte die Juden und viele andere Menschen vernichten.

KZ Ausschwitz

KZ ist eine Abkürzung für Konzentrations-Lager. Es gab viele solche Lager. In dem polnischen Ort Auschwitz bauten die National-Sozialisten das größte Lager. Die Menschen dort waren Gefangene. Sie mussten hart arbeiten. Sie hatten nur wenig zu essen. Viele von ihnen waren sehr krank.

In solchen Baracken waren die Gefangenen in den Konzentrations-Lagern untergebracht. Sie lebten auf engem Raum. Die Wände waren feucht. Es gab nur wenige Toiletten, dafür aber viele Ratten.

SS
Im Lager herrschten SS-Leute. SS ist die Abkürzung für Schutz-Staffel. In der Schutz-Staffel waren brutale Männer und Frauen. Sie waren eine Sonder-Einheit von Adolf Hitler. Ihr Auftrag war es, die Gefangenen zu erniedrigen und zu quälen. Wer nicht mehr arbeiten konnte, wurde von der SS in den Gaskammern getötet.

Holocaust
Das Wort Holocaust stammt aus dem Griechischen. Es bedeutet: vollständig verbrannt. Der Begriff erinnert an die Ermordung der europäischen Juden durch die National-Sozialisten. Allein in dem KZ in Auschwitz ermordeten sie etwa 1,5 Millionen Juden. Insgesamt ermordeten die National-Sozialisten um die 6 Millionen europäische Juden.

Außerdem töteten sie viele Polen, Sinti und Roma, Homosexuelle, geistig behinderte Menschen und Kriegs-Gefangene. Die Leichen verbrannten sie in Öfen. Daher der Name Holocaust.

Der Künstler Gunter Demnig verlegt Stolper-Steine. Er verlegt die Steine vor ehemaligen Wohnhäusern von Juden. Wer vorbeikommt, kann bei den Stolper-Steinen anhalten. Man kann lesen, wer in diesem Haus gewohnt hat. Und was mit den Bewohnern passiert ist. Man kann einen Augenblick an diese Menschen denken.

Befreiung
Als die sowjetischen Soldaten Auschwitz befreiten, waren sie schockiert. Sie sahen abgemagerte Männer, Frauen und Kinder. Viele waren so schwach, dass sie nicht alleine gehen konnten. Manche konnten nicht einmal alleine aufstehen. Die Soldaten sahen Berge von Toten. Sie sahen Berge von Brillen, Knochen und Haaren. Die Überlebenden von Auschwitz waren nun frei. Aber einige von ihnen hatten so viel Leid erlebt, dass sie kurze Zeit später starben.

Trauer-Flagge
Am 27. Januar treffen sich die Abgeordneten im Deutschen Bundestag zu einer Feierstunde. An allen öffentlichen Gebäuden wehen die Fahnen auf Halbmast. Das nennt man Trauer-Beflaggung.

Valentinstag

Am 14. Februar feiern wir den Tag der Liebe. Viele Paare schenken sich Blumen oder verschicken Grußkarten. Der Grund dafür ist ein alter Brauch. Wir verdanken ihn dem heiligen Valentin.

Geschichte

Valentin war ein Priester. Er lebte im 3. Jahrhundert in Rom.
Dort regierte ein Kaiser. Sein Name war Claudius der Zweite.

Der Kaiser hatte eine große Armee. Die Soldaten nannte man Legionäre. Claudius der Zweite verbot seinen Legionären zu heiraten. Sie sollten nur für den Kampf leben. Valentin verheiratete die Legionäre heimlich nach christlichen Regeln. Das war ein Verbrechen. Denn der Kaiser glaubte nicht an Gott. Er wollte auch nicht, dass andere Menschen an Gott glauben.

Gefängnis

Valentin wurde erwischt. Man steckte ihn ins Gefängnis. Dort kümmerte er sich um die Tochter von einem Gefängnis-Wärter. Das Mädchen war blind. Man sagt: Valentin hat das Mädchen geheilt. Es konnte wieder sehen.

Todesurteil

Claudius der Zweite verurteilte Valentin zum Tode. Valentin wurde am 14. Februar im Jahr 269 enthauptet. Angeblich schrieb er dem Mädchen vorher noch einen Liebesbrief. Ganz unten standen die Worte: „von deinem Valentin". Erst 200 Jahre später erklärte der Papst den 14. Februar zum Valentinstag.

Blumen

Am 14. Februar feierten die Menschen in Rom ein Fest für die Göttin „Juno". Sie galt als Beschützerin der Ehe und der Familie. Sie war auch die Göttin der Frauen. Man ehrte sie mit Blumen-Opfern. Auch den Frauen in den Familien schenkte man Blumen. Diesen Brauch hat man am Valentinstag übernommen.

Geschäft

Der Valentinstag bringt dem Handel gute Geschäfte. Besonders die Blumenläden, Schmuckläden und Parfümerien verdienen sehr viel Geld. Valentin hatte kein Geld. Es heißt: Er schenkte den Paaren nach ihrer Heirat Blumen aus seinem Garten. Für Valentin zählte allein die Liebe. Auch ohne teure Geschenke kann man jemandem zeigen, dass man ihn gernhat. Selbst eine einzelne Blume oder ein einzelnes Wort kann Freude bereiten.

Die Liebe allein
versteht das
Geheimnis,
andere zu beschenken
und dabei selbst reich zu werden.

(Clemens Brentano)

Chinesisches Neujahr

In Deutschland leben etwa 200.000 Chinesen. Viele von ihnen feiern das Chinesische Neujahrsfest. Man nennt es auch Frühlingsfest. Für die Chinesen ist es das wichtigste Fest im Jahr. Es dauert 15 Tage.

Mond-Kalender

Unser Kalender richtet sich nach dem Lauf der Erde um die Sonne. Der chinesische Kalender richtet sich nach den Mond-Phasen. Darum heißt er Mond-Kalender. Der Neujahrstag fällt auf den zweiten Neumond nach der Winter-Sonnenwende. Das Datum ändert sich jedes Jahr. Der Neujahrstag liegt aber immer zwischen dem 21. Januar und dem 21. Februar.

Tierkreis-Zeichen

Das chinesische Horoskop hat 12 Tierkreis-Zeichen. Jedes neue Jahr steht im Zeichen von einem Tier. Es heißt dann zum Beispiel das „Jahr der Ratte“ oder das „Jahr des Drachen“.

Rot

In China bedeutet die Farbe Rot Glück, Freude und Reichtum. Schon einige

Tage vor dem Fest hängen die Menschen rote Laternen auf. Kindern und unverheirateten Paaren schenkt man Geld. Man steckt es in rote Umschläge.

Ablauf

Am Abend vor dem Neujahrstag trifft sich die Familie zum Essen. Später machen alle zusammen Jiaozi. Jiaozi sind kleine Teigtaschen. Man füllt sie mit Fleisch oder mit Gemüse. Um Mitternacht gibt es ein großes Feuerwerk und laute Böller.

Am Neujahrstag treffen sich Freunde und Verwandte. Einen Tag später besuchen Ehepaare die Eltern von der Ehefrau. Nach einer alten Regel darf sie ihre Familie erst am zweiten Neujahrstag besuchen. Es heißt: Sonst bringt sie Unglück ins Haus.

Am dritten Tag nach Neujahr gehen viele Chinesen in den Tempel. Am 15. Tag nach Neujahr findet das Laternenfest statt. Viele Kinder und Erwachsene bemalen selbst gebastelte Laternen. Das ist ein alter Familienbrauch.

Tabu

Ein Tabu ist eine Art Regel oder ein Verbot. Während dem Chinesischen Neujahrsfest soll man sich nicht die Haare schneiden. Das Wort „Haar" klingt auf Chinesisch wie das Wort „Wohlstand". In China sagt man: Wer an den Festtagen seine Haare schneidet, der schneidet auch den Wohlstand weg.

YANMAR

Karneval

Karneval ist eine verrückte Zeit. Entweder man mag sie oder man mag sie nicht. Fest steht: An Karneval haben viele Menschen Spaß. Für einige ist es die schönste Zeit im Jahr.

Fasching und Fastnacht
Karneval nennt man auch Fasching oder Fastnacht. Die lustige Zeit beginnt jedes Jahr am 11. November um 11 Uhr 11. Das eigentliche Fest beginnt aber erst im Februar oder März im folgenden Jahr. Dann ist Weiber-Fastnacht.

Weiber-Fastnacht
Weib ist ein altes Wort für Frau. An Weiber-Fastnacht startet der Straßen-Karneval. Dann stürmen einige Frauen in die Rathäuser. Sie schneiden den Männern aus Spaß die Krawatten ab.

Karnevals-Umzüge
In Köln, Mainz und Düsseldorf gibt es am Rosenmontag die größten Umzüge. Daran

nehmen viele Gruppen und Vereine teil. Die Menschen tragen Kostüme. Sie fahren auf bunten Wagen durch die Straßen. Viele Tausend Zuschauer jubeln ihnen zu. Auf den Wagen sieht man witzige Figuren. Oft stellen sie Politiker dar. Man macht sich über sie lustig. Oder man schimpft ein wenig über ihre Politik.

Alaaf und Helau
In der Karnevalszeit gibt es eine besondere Art der Begrüßung. In Köln ruft man „Alaaf". In

Düsseldorf und in Mainz ruft man „Helau". Und in Süddeutschland hört man oft „Narri-Narro".

Schwäbisch-alemannische Fasnacht

So nennt man den Karneval in Schwaben. Schwaben ist eine Gegend in Süddeutschland. Vor langer Zeit feierten die Menschen dort im Frühling wilde Feste. Sie verkleideten sich. Und sie machten großen Lärm, um die Wintergeister zu vertreiben. Diesen Brauch gibt es heute noch. An Fasnacht tragen einige Leute Masken aus Holz und bunte Kostüme. Sie laufen mit Rasseln und Trommeln durch die Straßen. Man nennt sie „Hansele" oder „Mäschgerle".

Fastenzeit

An Karneval feiern viele Menschen bis spät in die Nacht. Sie trinken und essen viel. Am Aschermittwoch ist alles vorbei. Für die Christen beginnt nun die Fastenzeit. Sie geht bis Ostern und dauert 40 Tage. In der Fastenzeit verzichtet man zum Beispiel auf Zucker oder Alkohol. Einige Leute verzichten auf Fleisch. Das Wort Karneval stammt von „carne vale". Das ist lateinisch und bedeutet: „Fleisch, lebe wohl".

Holi – Fest der Farben

Holi ist ein altes Fest der Hindus. Dabei bewerfen sich die Menschen mit buntem Pulver. In Indien ist Holi ein heiliger Brauch. Bei uns ist es eine riesige Party mit lauter Musik.

Holika

Holi findet jedes Jahr an einem Vollmondtag im Februar oder März statt. Schon am Abend vorher versammeln sich die Menschen in den Straßen. Sie machen Feuer und verbrennen Strohpuppen. Damit wollen sie das Böse und den Winter vertreiben. Die Strohpuppen nennt man Holika. Von dem Wort Holika stammt das Wort Holi.

Fest der Farben
Am Holi-Tag begrüßen die Menschen den Frühling. Sie ziehen fröhlich durch die Stadt. Dabei bewerfen sie sich mit buntem Pulver und kleinen Ballons mit farbigem Wasser.

Die Leute rufen: „Bura na maano, Holi Hai!" Das bedeutet: „Nimm es mir nicht übel, es ist Holi!" Das bunte Pulver heißt Gulal. Früher hat man dafür Kräuter und Blüten verwendet. Heute nimmt man meistens künstliche Farben.

Kaste
Jeder Hindu gehört von seiner Geburt an zu einer Kaste. Eine Kaste ist eine bestimmte Gruppe in der Gesellschaft. Es gibt hohe und niedrige Kasten. In einer hohen Kaste haben die Menschen oft eine gute Bildung. Sie haben gute Jobs und mehr Geld als die Menschen

aus einer niedrigen Kaste. An Holi zählen solche Unterschiede nicht. Es ist egal, ob man arm oder reich ist. An Holi sind in Indien alle Menschen gleich.

Techno-Party

Seit 2012 feiert man Holi auch in Deutschland. Bei uns hat Holi nichts mit Religion oder mit alten Bräuchen zu tun. Es ist eine riesige Party. Man muss dafür Eintritt bezahlen. Kleine Beutel mit buntem Pulver bekommt man beim Eintritt dann dazu. Auf einer Bühne legen bekannte DJs Musik auf. Die Leute tanzen zu Techno. Jede Stunde zählt der DJ laut von 10 auf 0 runter. Dann bewerfen sich die Leute mit dem bunten Pulver. Das kann richtig Spaß machen.

Aber Vorsicht bei der Auswahl von den Farben! Das Farbpulver muss geprüft sein. Es darf keine giftigen Stoffe enthalten. Denn die machen krank.

1. April

Am 1. April darf man Leute veräppeln. Das bedeutet: Man darf Geschichten erzählen, die gar nicht stimmen. Am Ende ruft man: April! April! Dann weiß jeder: Das war ein Scherz.

Spaghetti-Baum
Früher veräppelten die Fernseh-Redakteure am 1. April gerne die Zuschauer. Ein April-Scherz war besonders lustig: Vor 60 Jahren zeigte das Fernsehen in England einen Film. Man sah Frauen bei der Spaghetti-Ernte im Tessin. Die Frauen pflückten Nudeln von Bäumen. Dann hängten sie die Nudeln zum Trocknen auf. Das war natürlich Quatsch. Aber damals kannte in England kaum jemand Spaghetti. Einige Leute riefen bei dem Fernseh-Sender an. Sie wollten wissen, wo man einen Spaghetti-Baum kaufen kann.

Ursprung
Niemand weiß genau, wie und wann der April-Scherz entstand. Dazu gibt es

einige Vermutungen. Drei davon haben wir ausgewählt:

Kalender:
Vor 400 Jahren lebte in Frankreich ein König. Sein Name war Karl der Neunte. Damals war der 1. April der Tag von Neujahr. Doch dann änderte König Karl den Kalender. Er verlegte Neujahr auf den 1. Januar. Viele Leute wussten das nicht. Es gab ja noch keine Zeitung. Also feierten sie Neujahr weiter am 1. April. Man gab ihnen den Namen April-Narren.

Narren-Ball:
Zu einer anderen Zeit war Heinrich der Vierte der König von Frankreich. König Heinrich hatte eine Frau. Aber die genügte ihm nicht. Eines Tages schrieb ihm ein Mädchen. Das Mädchen

wollte ihn am 1. April heimlich treffen.
Der König ging zu dem Treffpunkt.
Aber das Mädchen war nicht da. Stattdessen waren dort viele andere Leute. Sie feierten einen Ball. Eine Person kannte der König gut. Es war seine Frau Maria von Medici.
Alle lachten den König aus. Und Maria bedankte sich bei ihm für seine Teilnahme am Narren-Ball.

Wetter:
Im April ist das Wetter oft wechselhaft. Erst regnet es. Dann scheint plötzlich wieder die Sonne. Ein altes Gedicht beginnt mit den Worten:
„April, April ... der weiß nicht, was er will!"
Auch Menschen kann man manchmal schwer einschätzen. Besonders, wenn sie uns am 1. April veräppeln.

Ostern

Für Christen ist Ostern das älteste und wichtigste Fest im Jahr. Es erinnert an die Auferstehung von Jesus. Ostern ist aber auch ein fröhliches Familienfest mit alten Bräuchen.

Datum

Ostern findet jedes Jahr zwischen dem 22. März und dem 25. April statt. Das genaue Datum richtet sich nach dem jüdischen Passahfest und dem 1. Vollmondtag im Frühling.

Karwoche

In der Karwoche bereiten sich die Christen auf das Osterfest vor. Die Karwoche beginnt am Palmsonntag. Dieser Tag erinnert an die Ankunft von Jesus in Jerusalem vor 2000 Jahren. Die Menschen begrüßten Jesus wie einen König. Sie legten Palmblätter auf die Straßen. Deshalb nennt man diesen Tag Palmsonntag. Am Palmsonntag finden viele Prozessionen statt.

Am Gründonnerstag aß Jesus zum letzten Mal mit seinen Jüngern zu Abend. Ein Jünger hieß Judas.

Am Karfreitag hat Judas Jesus verraten. Jesus wurde an ein Kreuz genagelt. Er starb. Am Karfreitag essen viele Leute Fisch. Früher war der Fisch das Geheim-Zeichen von den Christen.

Es heißt, dass Jesus am Ostersonntag von den Toten auferstanden ist. Am Ostermontag begegneten ihm zwei Jünger. Sie erzählten den Menschen, dass Jesus lebt. Seitdem glauben die Christen an ein Leben nach dem Tod.

Osterhase
In manchen Gegenden von Deutschland hieß es früher, dass der Storch oder der Fuchs die Ostereier bringt. Später einigte man sich überall auf den Hasen als Eier-Lieferanten. Hasen bekommen viele Junge. Schon bei den Germanen waren sie ein Zeichen für Fruchtbarkeit. So wie das Ei.

Osterei
Das Ei gilt als Zeichen für Fruchtbarkeit. Früher aßen viele Christen vor Ostern keine Eier. Die Hühner legten aber weiter Eier. Rohe Eier verderben schnell. Also kochte man sie. Später färbte man sie. So konnte man die alten Eier von den neuen, rohen Eiern unterscheiden. Heute färben wir Eier zum Spaß. Wir legen sie in kleine Nester aus Stroh. Oder wir verstecken die Eier im Garten. Kleine Kinder suchen gerne danach. Sie glauben: Der Osterhase hat die Eier versteckt.

Zuckerfest

Im Islam gibt es den Fasten-Monat Ramadan. Am Ende von Ramadan feiern die Muslime das Zuckerfest. Es ist ein Fest der Dankbarkeit und der Freude.

Ramadan
Neben dem Christentum ist der Islam die zweite große Welt-Religion. Die Gläubigen heißen Muslime. In den 30 Tagen von Ramadan verzichten viele Muslime tagsüber auf Essen und Trinken. Außerdem achten viele Muslime auf ihr Verhalten. Sie versuchen, nicht zu rauchen, nicht zu fluchen und nicht zu lügen. Ramadan ist für gläubige Muslime eine Pflicht. So steht es im Koran. Kinder und Kranke müssen sich aber nicht daran halten.

Fasten-Brechen
Das Zuckerfest ist das Fest vom Fasten-Brechen. Auf Arabisch heißt es „Id al-Fitr". Auf Türkisch heißt es „Seker Bayrami". Das Zuckerfest dauert bis zu drei Tage. Am ersten Tag dürfen die Muslime tagsüber wieder ganz normal essen.

Datum
Das genaue Datum für Ramadan und für das Zuckerfest richtet sich nach dem Mondkalender. Das Zuckerfest verschiebt sich jedes Jahr um zehn oder elf Tage nach vorne.

Zuckerfest
Einen Tag nach Ramadan treffen sich die gläubigen Muslime in der Moschee. Dort beten sie gemeinsam. Ein Imam betet den Gläubigen die Gebete vor. Danach hält der Imam eine Predigt. Das ist eine Art Rede.

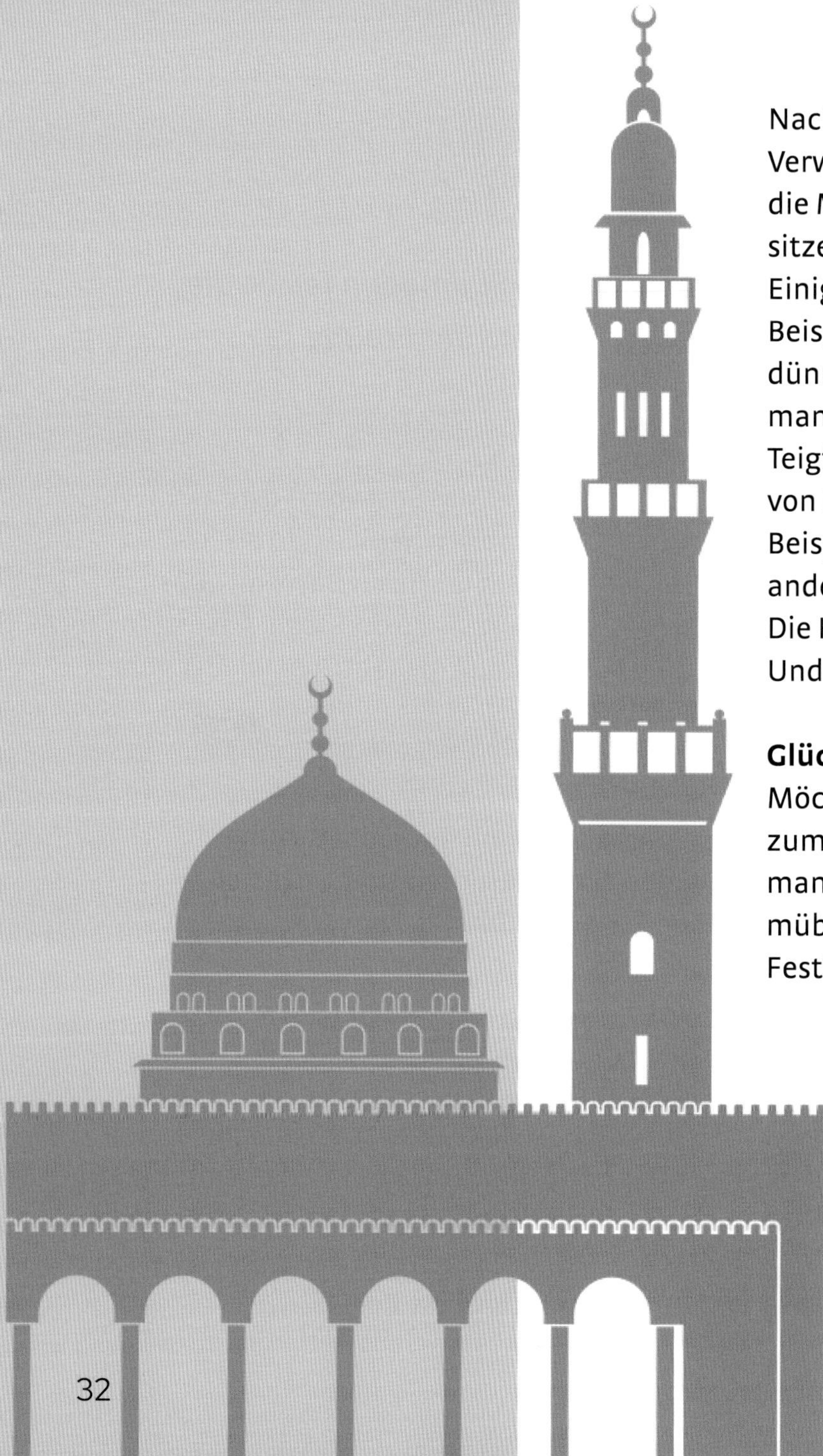

Nach der Moschee besuchen sich Freunde und Verwandte. Schon vor dem Zuckerfest haben die Menschen gekocht und gebacken. Nun sitzen alle zusammen und essen gemeinsam. Einige Speisen sind sehr süß. Es gibt zum Beispiel Baklava. Baklava ist ein Gebäck aus dünnem Teig mit Nüssen. Außerdem reicht man den Gästen „Engelshaar“. Das sind dünne Teigfäden. Sie erinnern an das goldene Haar von Engeln. Man backt die Teigfäden zum Beispiel mit Sirup im Ofen. Es gibt noch viele andere Speisen. In jedem Fall werden alle satt. Die Kinder bekommen oft Geld oder Geschenke. Und besonders viele Süßigkeiten.

Glückwunsch

Möchten Sie einem Freund oder einem Kollegen zum Zuckerfest gratulieren? Auf Arabisch sagt man: „Eid Mubarak“. Auf Türkisch: „Bayram mübarek olsun“. Das bedeutet: „Gesegnetes Fest“.

LABAN UP

Tag der Arbeit

Seit dem Jahr 1919 ist der 1. Mai ist in ganz Deutschland ein Feiertag. Man nennt ihn den „Tag der Arbeit". Wie kann das sein? Am 1. Mai haben doch die meisten Menschen frei.

Geschichte

Am 1. Mai 1886 traten in der amerikanischen Stadt Chicago viele Tausend Arbeiter in einen Streik. Erst stoppten sie ihre Arbeit. Dann versammelten sie sich in den Straßen. Sie protestierten gegen die schlechten Arbeits-Bedingungen.

Viele Menschen arbeiteten damals mehr als zwölf Stunden am Tag. Das wollten sie nicht mehr tun. Sie wollten nur noch acht Stunden am Tag arbeiten. Und zwar ab dem 1. Mai. Das Datum war wichtig. Denn es gab jedes Jahr am 1. Mai neue Arbeitsverträge.

Bei den Protesten kam es zu Kämpfen zwischen der Polizei und den Arbeitern. Es gab Tote. Trotzdem streikten später auch die Arbeiter in Europa. Schließlich wurde der Acht-Stunden-Tag Gesetz.

Mai-Kundgebung

Am 1. Mai finden Kundgebungen statt. Dazu versammeln sich oft viele Tausend Menschen. Sie protestieren gegen schlechte Arbeits-Bedingungen. Einige Leute halten Reden. Oft fordern sie höhere Löhne und höhere Renten. Manchmal geht es aber auch um Themen wie Krieg oder Umweltschutz. Veranstalter sind die Gewerkschaften und die Parteien. Die Menschen bringen Plakate und Transparente zur Kundgebung mit. Ein Transparent ist ein großes Stück Stoff, auf dem Forderungen oder Sprüche stehen. Oft marschieren die Menschen mit den Transparenten durch die Straßen.

1. Mai

Die Menschen feierten den 1. Mai schon im 13. Jahrhundert. Den Tag der Arbeit gab es damals noch nicht. Der 1. Mai war ein Fest zu Ehren der Natur.

Frühling

In einem Lied heißt es: „Der Mai ist gekommen, die Bäume schlagen aus ...“ Keine Angst! Damit meint man, dass die Äste von den Bäumen wachsen und die Bäume neue Blätter bekommen. Im Mai erwacht die Natur. Überall blüht es. Es ist Frühling. Die Menschen freuen sich auf den Sommer.

Maja

Der Name für den Monat Mai stammt von der römischen Göttin „Maja“. Es heißt: Sie sorgt dafür, dass im Frühling alles wächst.

Tanz in den Mai

In der Nacht vom 30. April auf den 1. Mai feiern viele Menschen in den Mai. Sie tanzen und singen, bis der neue Tag beginnt.

Maibaum

In einigen Dörfern tanzt man um einen Maibaum herum. Der Maibaum ist ein langer Baumstamm. Er wird geschmückt. Auch den Tanzplatz schmückt man mit bunten Bändern und frischen Birkenzweigen.

Walpurgis-Nacht

Die Nacht vom 30. April heißt auch „Walpurgis-Nacht". Es heißt, dass vor langer Zeit Hexen auf ihren Besen zum Brocken flogen. Dort tanzten sie um ein Feuer herum. Angeblich, um sich mit dem Teufel zu vereinigen.

Der Name von der Walpurgis-Nacht kommt von Walpurga. Sie war allerdings eine Heilige. Es heißt, sie hat Wunder vollbracht.

Im Harz ist die Walpurgis-Nacht ein fröhlicher Brauch. Einige Menschen verkleiden sich als Hexen und tanzen um große Mai-Feuer herum. Sie machen Lärm, um böse Geister zu verjagen.

Muttertag

Der Muttertag findet jedes Jahr am 2. Sonntag im Mai statt. Der Brauch stammt aus Amerika. Die Idee dazu hatte eine Frau. Sie hieß Anna Jarvis.

Geschichte
Anna hatte keine Kinder und war nicht verheiratet. Ihr Vater starb früh. Deshalb kümmerte sich Annas Mutter allein um die große Familie. Sie starb am 9. Mai 1905. Anna wünschte sich einen Ehrentag für alle Mütter. Sie schrieb Briefe an Politiker und andere bekannte Leute. Damit warb sie für den Muttertag. Viele Menschen fanden die Idee gut. Auch der amerikanische Präsident Woodrow Wilson. Im Jahr 1914 erklärte der Präsident den Muttertag zum nationalen Feiertag.

Geschäft
Nach einem Gedenk-Gottesdienst für ihre Mutter verteilte Anna 500 Nelken. Ihre Mutter liebte Nelken. Die Blumenhändler machten daraus ein Geschäft. Sie verkauften so viele Blumen wie nie zuvor. Aber kaum jemand dachte noch an die wahre Bedeutung vom Muttertag.

Enttäuschung
Nur Blumen und nette Worte? So hatte Anna sich den Muttertag nicht vorgestellt. Er sollte den Frauen mehr Rechte bringen. Zum Beispiel das Wahlrecht. Anna war enttäuscht. Sie wollte, dass man den Muttertag wieder abschafft. Deswegen ging sie sogar vor Gericht. Aber der Muttertag blieb.

Anna verlor bei dem Streit ihr ganzes Geld. Sie starb am 24. November 1948. Die Blumenhändler bezahlten ihre Beerdigung.

Deutschland
Der „Verband Deutscher Blumengeschäfts-Inhaber" übernahm 1923 den Muttertag aus Amerika. Das war schlau. Denn seitdem verdienen die Blumenhändler mit dem Muttertag viel Geld. Manche Leute verschenken auch Pralinen oder andere Kleinigkeiten.

Und manche Kinder sagen Gedichte auf. Oder sie basteln etwas Schönes. Blumen gibt es oft dazu.

National-Sozialisten

Einige Leute sagen: Die National-Sozialisten haben den Muttertag erfunden. Das stimmt nicht. Die National-Sozialisten haben den Muttertag für ihre Zwecke missbraucht.
Die National-Sozialisten hatten eine bestimmte Vorstellung von Frauen. Frauen sollten viele Kinder kriegen. Denn das Deutsche Reich sollte viele Soldaten haben und immer größer werden. Die National-Sozialisten lobten die Mütter für ihren Fleiß. In Wahrheit haben sie die Mütter benutzt.

Christi Himmelfahrt

Der Himmelfahrtstag ist immer ein Donnerstag. Genau 40 Tage nach Ostern. Die meisten Leute haben frei. Einige nehmen auch den Freitag frei. Für ein langes Wochenende. Die Christen feiern an Himmelfahrt die Heimkehr von Jesus.

Geschichte
In der Bibel steht, dass Jesus 40 Tage nach seiner Auferstehung in den Himmel aufgefahren ist. Aufgefahren? Das ist ein altes Wort aus der Bibel. Es bedeutet: Jesus ist zu seinem Vater heimgekehrt. Für die Christen ist Gott der Vater von Jesus. Sie nennen Gott den „heiligen Vater".

Bräuche
In den Kirchen zog man früher bei den Gottesdiensten Christus-Figuren in die Höhe. Die Figuren hingen an Seilen oder Ketten. Es sah so aus, als würden die Christus-Figuren fliegen. Deshalb aßen die Menschen an Himmelfahrt oft „fliegendes Fleisch". Das war Geflügel-Fleisch wie Gans oder Pute.

Vatertag

Der Vatertag findet am selben Tag wie Christi Himmelfahrt statt. Er heißt auch „Herrentag“ oder „Männertag“.

Geschichte

Der Vatertag ist ähnlich entstanden wie der Muttertag. Wieder stammt die Idee dazu von einer Frau. Es war die Amerikanerin Sonora Smart Todd. Nach dem Tod von ihrer Mutter kümmerte sich der Vater alleine um die sechs Kinder. Sonora wollte ihrem Vater dafür danken. Sie sprach mit Leuten von der Zeitung und mit anderen wichtigen Personen. Am 19. Juni 1910 gab es in Amerika den ersten Vatertag. Sonora hatte ihr Ziel erreicht.

„Vater werden ist nicht schwer,
Vater sein dagegen sehr.“

(Wilhelm Busch)

Deutschland

Bei uns verabreden sich viele Väter am Vatertag zu einem Ausflug. Sie unternehmen Radtouren oder gehen wandern. Auch wer kein Vater ist, darf mitmachen. Manchmal haben die Männer-Gruppen einen Bollerwagen dabei. Damit ziehen sie jede Menge Bier und andere Getränke hinter sich her. Einige Männer betrinken sich am Vatertag. Dann werden sie albern und grölen herum. Andere Väter mögen es ruhiger. Sie grillen zu Hause im Garten oder unternehmen etwas mit ihrer Familie.

Pfingsten

An Pfingsten läuten die Glocken. Viele Kirchen sind bunt geschmückt. Die Christen feiern ihren Gott. Und sie feiern den Geburtstag ihrer Kirche. Pfingstmontag haben alle frei.

Bibel
In der Bibel stehen viele Geschichten. Eine Geschichte handelt von einem Ereignis an Schawuot: Am Himmelfahrtstag gab Jesus seinen Jüngern ein Versprechen. Er sagte ihnen, dass sie bald den Heiligen Geist empfangen. Beim Schawuot-Fest erschienen Feuer-Flammen.

Es stürmte. Ein Rauschen erklang. Es heißt: Der „Heilige Geist" kam vom Himmel herab. Damit meint man: Gott gab den Jüngern eine geheimnisvolle Kraft.

Pfingst-Wunder
Die Jünger konnten auf einmal fremde Sprachen sprechen. Nun konnten sie das Christentum auf der ganzen Welt verbreiten.

Kirche
Immer mehr Menschen glaubten an Gott. Sie wollten mit den Jüngern beten. Sie gründeten eine Glaubens-Gemeinschaft. Das war der Geburtstag der Kirche.

Taube
Im Christentum ist die Taube ein Zeichen für den Heiligen Geist und für das Pfingst-Wunder. Die Taube ist weiß. Das bedeutet Unschuld. Im Gottesdienst senkte man früher eine Taube aus Holz von der Kirchendecke herab. Die Taube kam aus einem Loch in der Decke. Das Loch nannte man „Heilig-Geist-Loch".

Pfingstrose
Dornen gelten als Zeichen für Schmerz und Trauer. Jesus trug eine Dornenkrone, als er starb. Die Pfingstrose ist eine Rose ohne Dornen.

Sie gilt als Zeichen für Freude. Zu Pfingsten schmückt man die Kirchen mit üppigen Sträußen und Blüten.

Bräuche
Zu Pfingsten gibt es viele Bräuche. Sie unterscheiden sich von Gegend zu Gegend.

Am Samstagabend vor Pfingsten werden Pfingst-Feuer entfacht. Sie erinnern an die Feuer-Flammen, die den Jüngern von Jesus erschienen waren.

Zu Pfingsten führt man das Vieh auf die Weiden. Man nennt Pfingsten auch das „Fest der Hirten“.

In manchen Gegenden stellen die Leute einen Pfingst-Baum auf. Man schmückt ihn mit bunten Bändern.

In anderen Gegenden schmückt man lieber den Pfingst-Ochsen. Das ist das kräftigste Tier in der Herde. Man treibt den Ochsen durch den Ort. Wenn er Pech hat, dann landet er hinterher beim Schlachter.

Sommer-Sonnenwende

Am 21. Juni ist Sommeranfang. Egal, ob das Wetter gut oder schlecht ist. So steht es im Kalender. Gleichzeitig ist Sommer-Sonnenwende. Ein ganz besonderes Ereignis.

Sonne

Die Erde hat eine Nord-Halbkugel und eine Süd-Halbkugel. Zur Sommer-Sonnenwende hat die Sonne auf der Nord-Halbkugel ihren höchsten Stand. Europa liegt auf der Nord-Halbkugel. Der 21. Juni ist bei uns der längste Tag im Jahr. Danach werden die Tage wieder kürzer. Und die Nächte werden wieder länger.

Kelten

Die Kelten waren verschiedene Volksgruppen. Sie lebten vor langer Zeit in Mitteleuropa. Die Kelten verehrten die Sonne. Zur Sommer-Sonnenwende entfachten sie große Feuer. Sie tranken Kräuterwein und tanzten um die Feuer herum. Verliebte Paare sprangen über die Feuer. Dabei hielten sie sich an den Händen. Als Beweis für ihre Liebe. Die Kelten glaubten an Natur-Geister. Sie glaubten, dass sich die Menschen und die Natur-Geister zur Sommer-Sonnenwende begegnen. Sie stellten große Holzräder auf. Als Zeichen für die Sonne. Man zündete die Räder an und rollte sie den Berg hinab. Dieser Brauch sollte zeigen, dass die Tage kürzer werden.

Große Feuer wie das auf der nächsten Seite zünden die Menschen zur Sommer-Sonnenwende und zum Johannisfest an.

Johannisfest

Am 24. Juni feiern die Christen das Johannisfest. Es fällt in die Zeit der Sommer-Sonnenwende. Einige Bräuche haben die Christen von den Kelten übernommen.

Die Christen entfachen Johannisfeuer. Sie tanzen um die Feuer herum und trinken Wein. So wie damals die Kelten. „Johannes der Täufer" ist eine Figur aus der Bibel. In der Bibel steht, dass Johannes Jesus getauft hat. Der 24. Juni war der Geburtstag von Johannes. Deshalb heißt dieser Tag Johannistag.

Johanniskraut

Früher band man Johannis-Sträuße. Dafür sammelten die Menschen frische Kräuter. Zum Beispiel Rosmarin, Salbei oder Beifuß. Und natürlich Johanniskraut. Den Strauß stellte man in einen Krug oder in eine Vase. Oder man legte einen kleinen Bund Kräuter unter das Kopfkissen. Der Duft der Kräuter sollte vor Krankheiten schützen und gute Träume bringen. Manche Leute banden mit den Kräutern Kränze. Sie hängten die Kränze draußen an die Tür. So wollten sie Unglück fernhalten.

Tag der Deutschen Einheit

Am 3. Oktober 1990 wurde aus zwei Staaten wieder ein Land. Vorher war Deutschland 40 Jahre lang geteilt. Das war für viele Menschen eine schlimme Zeit.

Niederlage
Im Jahr 1945 endete der Zweite Weltkrieg mit der Niederlage von den National-Sozialisten. Es gab vier Siegermächte: die USA, die Sowjetunion, Großbritannien und Frankreich. Die Siegermächte teilten Deutschland in vier Zonen auf. Aber dann gab es Streit. Die drei westlichen Zonen beschlossen das Grundgesetz. Sie gründeten die Bundesrepublik Deutschland. Kurz: BRD. Die Hauptstadt war Bonn.
Auch in der sowjetischen Zone im Osten entstand ein neuer Staat. Das war die Deutsche Demokratische Republik. Kurz: DDR. Die Hauptstadt war Ost-Berlin. In der DDR gab es keine freien Wahlen. Und es gab viele Verbote. Deshalb verließen viele Menschen die DDR.

Mauer
Am 13. August 1961 ließ die DDR-Regierung eine hohe Mauer bauen. Die Politiker wollten nicht, dass noch mehr Leute die DDR verlassen. Die Mauer ging quer durch Berlin. Die Menschen aus dem Osten durften nicht in den

Westen reisen. An der Mauer gab es Stacheldraht. Trotzdem wollten immer mehr Menschen aus der DDR fliehen. Die Grenz-Beamten von der DDR haben viele Leute bei der Flucht erwischt. Die Leute kamen ins Gefängnis. Etwa 70 Menschen starben bei ihrer Flucht in den Westen. Einige wurden von Grenz-Beamten erschossen.

Wiedervereinigung

In der DDR waren viele Menschen unzufrieden. Deshalb protestierten sie gegen die Regierung. Im Jahr 1989 gab die DDR-Regierung auf. Sie öffnete die Grenze zwischen dem Osten und dem Westen. Die Menschen waren glücklich. In Berlin kletterten viele Leute auf die Mauer. Sie jubelten und umarmten sich.

Heute nennt man dieses Ereignis den „Fall der Mauer“. Am 3. Oktober 1990 unterzeichneten die beiden deutschen Regierungen den Einigungs-Vertrag.

Feiern

Der „Tag der Deutschen Einheit“ ist in ganz Deutschland ein Feiertag. Die meisten Menschen haben frei. Jedes Jahr gibt es ein großes Fest. Immer in einer anderen Stadt.

Die Berliner Mauer teilte früher die Stadt Berlin in einen Ost-Teil und einen West-Teil. Diese Grenze wurde streng bewacht. Heute ist die Berliner Mauer zum größten Teil abgebaut. Nur einige Stücke stehen noch zur Erinnerung.

Reformationstag

Am 31. Oktober feiert die evangelische Kirche Reformation. Reformation bedeutet Verbesserung. Was lief vorher falsch?

Ablass-Briefe
Früher waren alle Christen katholisch. Der Papst machte den Menschen Angst. Er sagte ihnen, dass sie nach ihrem Tod für ihre Fehler bestraft werden.
Er schrieb „Ablass-Briefe“. Die Menschen sollten die Briefe kaufen. Damit ihnen der Papst ihre Fehler vergibt. In Wahrheit wollte der Papst aber nur ihr Geld.

Martin Luther
Luther war ein Mönch. Später war er Professor an der Universität in Wittenberg. Er verurteilte die Regeln vom Papst. Er dachte: Nur Gott kann den Menschen vergeben. Und zwar kostenlos!

95 Thesen
Luther wollte die Kirche verändern. Er schrieb einen Brief mit 95 Thesen. Eine These ist eine Idee. Am 31. Oktober 1517 schickte Luther den Brief an wichtige Kirchen-Leute. Es heißt, dass er die Thesen auch an die Tür von der Schlosskirche in Wittenberg genagelt hat.

Reformation
Der Papst war wütend. Martin Luther sollte seine Thesen öffentlich zurücknehmen. Aber Luther wollte das nicht. Viele Menschen schlossen sich seinem Protest an. Sie gründeten die neue evangelische Kirche. Deshalb nennt man die evangelischen Christen auch Protestanten. In Wittenberg finden jedes Jahr große Fest-Gottesdienste statt.

Auf der Wartburg in Eisenach übersetzte Martin Luther die Bibel ins Deutsche. Zum ersten Mal konnten viele Menschen im Land die Bibel lesen und verstehen.

Halloween

Am 31. Oktober gibt es noch ein anderes Fest. Es ist das Fest der Hexen und der Geister: Halloween. Halloween ist ein bisschen gruselig. Trotzdem sind viele Menschen lustig.

Kelten

Vor langer Zeit feierten die Kelten jedes Jahr am 31. Oktober „Samhain“, das Ende vom Sommer. Die Menschen glaubten, dass die Toten in der Nacht zum 1. November zurückkehren. Weil sie einen neuen Körper suchen. Davor hatten die Menschen Angst. Sie machten Feuer und viel Lärm. Und sie verkleideten sich selbst als Tote oder Geister. Damit die Toten sie in Ruhe ließen. Im 19. Jahrhundert brachten Einwanderer aus Irland den Brauch nach Amerika. Viele Jahre später kam der Brauch wieder nach Europa zurück.

Süßes oder Saures?

Vor allem Kinder freuen sich auf Halloween. Sie verkleiden sich

und ziehen von Haus zu Haus. Sie klingeln bei den Leuten an der Tür und rufen: „Süßes oder Saures!" Wer den Kindern nichts Süßes gibt, dem spielen sie einen Streich.

Kürbis-Laterne

An Halloween stellen viele Leute Kürbis-Laternen auf. Man höhlt einen Kürbis aus und schnitzt eine gruselige Fratze in die Schale. Dann zündet man eine Kerze an und stellt sie hinein. Das ist ein Brauch aus Irland.
Tipp: Das Kürbis-Fleisch kann man für tolle Rezepte verwenden. Zum Beispiel für eine Kürbis-Suppe.

Name

Halloween ist eine Abkürzung für „All Hallows' Evening". Das ist englisch und bedeutet: „der Abend vor Allerheiligen".

Trauer-Monat November

Allerheiligen, Allerseelen und Totensonntag. Gleich mehrere Feiertage erinnern im November an die Verstorbenen.

Allerheiligen
An Allerheiligen beten die katholischen Christen zu ihren Heiligen. Das waren Personen, die viel Gutes getan haben. Das heißt: Sie halfen armen und kranken Menschen. Oft taten sie das ihr Leben lang. Dafür hat sie der Papst heiliggesprochen. Bekannte Heilige sind zum Beispiel Sankt Nikolaus oder Sankt Martin. Das Wort „Sankt" ist lateinisch. Es bedeutet: „heilig". Einige Heilige haben eigene Gedenktage. Das gilt auch für die Märtyrer. Märtyrer waren Christen, die für ihren Glauben gestorben sind. Allerheiligen erinnert auch an die Menschen, die nicht heiliggesprochen wurden. Man verehrt sie als Vorbilder.
In einigen Bundesländern ist Allerheiligen ein stiller Feiertag. Das bedeutet: Es gibt ein öffentliches Tanzverbot.
An Allerheiligen gehen viele Menschen auf den Friedhof. Dort schmücken sie die Gräber von ihren Angehörigen und zünden Kerzen an.

Allerseelen
Einen Tag nach Allerheiligen ist Allerseelen. Die katholischen Christen glauben, dass man nach dem Tod für seine Fehler büßen muss. Es heißt, dass einige Tote umherirren. Und dass sie keine Ruhe finden. Die Menschen beten zu Gott, dass er den Seelen der Verstorbenen den Weg weist. Dazu dienen die „Seelen-Kerzen". So heißen die Kerzen, die man oft schon an Allerheiligen anzündet.

Seelen-Brot
Einige Leute backen Seelen-Brote. Das ist ein alter Brauch. In Süddeutschland backt man „Knauf-Gebäck“. Es hat eine runde Form. Man nennt es auch „Pupperl“.

Volkstrauertag
Der Volkstrauertag findet jedes Jahr im November statt. Immer am Sonntag zwei Wochen vor dem 1. Advent. Er wurde nach dem Ersten Weltkrieg eingeführt. Das war 1919. In dem Krieg starben viele Menschen. Der Volkstrauertag erinnert an die toten Soldaten. Man besucht ihre Gräber. Und legt dort Kränze nieder.

Totensonntag
Am Totensonntag denken die evangelischen Christen an ihre Verstorbenen und an die Ewigkeit. Deshalb nennen sie den Sonntag vor dem 1. Advent auch „Ewigkeits-Sonntag“. Viele evangelische Christen besuchen den Friedhof. Sie schmücken die Gräber. Und sie zünden Kerzen an. So wie es die katholischen Christen an Allerheiligen tun.

Gottesdienst
Am Totensonntag finden die Gottesdienste oft in den Kapellen auf den Friedhöfen statt. Erst läuten die Glocken. Dann liest der Pfarrer die Namen von den Verstorbenen des vergangenen Kirchenjahres vor. Die Verwandten zünden für ihre Verstorbenen eine Kerze an. Dann werden die Glocken immer leiser. Das ist ein Hinweis darauf, dass jeder von uns einmal sterben muss.

Der Mensch ist erst wirklich tot,
wenn niemand mehr an ihn denkt.

(Bertolt Brecht)

Sankt Martin

„Ich geh mit meiner Laterne und meine Laterne mit mir ..." So beginnt ein altes Lied. Kinder und Erwachsene singen es am 11. November. Damit erinnern sie an den Heiligen Martin.

Geschichte
Martin war ein römischer Soldat. Er lebte vor vielen Hundert Jahren. Es gibt einige Geschichten über ihn. Eine davon geht so: Es war ein kalter Tag im Winter. Martin ritt auf seinem Pferd an einem Bettler vorbei. Der Bettler fror. Martin nahm sein Schwert und teilte damit seinen Mantel in der Mitte durch. Eine Hälfte behielt er. Die andere Hälfte gab er dem Bettler. In der Nacht hatte Martin einen Traum: Der Bettler kam zu ihm. Es war Jesus.

Laterne
Für die Christen ist Licht ein Zeichen für das Gute. Deshalb gibt es am Martinstag in vielen Orten Laternen-Umzüge. Wenn es am Abend dunkel wird, ziehen Kinder mit ihren Laternen durch die Straßen und singen Martinslieder.

Martinsgans

Am Martinstag essen viele Familien Gans. Oft mit Rotkraut und Klößen. Aber warum Gans und nicht Schweinebraten? Auch dazu gibt es eine kleine Geschichte. Und die geht so: Nach seinem Traum wollte Martin Gutes tun. Er ließ sich taufen und wurde Christ. Martin half vielen armen Menschen. Deshalb wollten die Leute, dass er Bischof wird. Aber Martin hatte Angst. Er glaubte, dass er das nicht konnte. Deshalb versteckte er sich in einem Gänsestall. Aber die Gänse schnatterten laut. Die Leute entdeckten Martin. Nun wurde er doch Bischof von Tours.

Beschützer

Martin starb am 11. November 397. Nach seinem Tod wurde er heiliggesprochen. Der heilige Martin gilt als Beschützer der Bettler und der Soldaten. Und der Haustiere!

Brauch

In der Zeit um den Martinstag backt man in manchen Gegenden von Deutschland kleine Männer aus Hefeteig. In Westfalen heißen sie Stutenkerl. Im Rheinland heißen sie Weckmann. In Süddeutschland backt man aus Hefeteig auch kleine Gänse.

Nikolaus

Am Abend vor dem 6. Dezember stellen viele Kinder ihre Stiefel vor die Tür. Damit der Nikolaus sie in der Nacht füllt. Was viele Menschen nicht wissen: Nikolaus gab es wirklich.

Bischof
Nikolaus lebte vor vielen Hundert Jahren in der heutigen Türkei. Mit 19 Jahren wurde er Priester. Er zog in eine andere Stadt. Die Stadt hieß Myra. Nikolaus wurde der Bischof von Myra. Nikolaus erbte von seinen Eltern ein großes Vermögen. Er verschenkte alles an arme Leute. Die Menschen verehrten Nikolaus wegen seinen guten Taten. Nikolaus starb am 6. Dezember. Er wurde heiliggesprochen.

Legende
Einer Legende nach gab es zu Lebzeiten von Nikolaus einen alten Mann. Der Mann war sehr arm. Er hatte drei Töchter. Er hatte aber kein Geld für ihre Hochzeiten. Deshalb sollten sie selbst Geld verdienen. Sie sollten als Prostituierte arbeiten. Das bedeutet: Sie sollten Sex mit fremden Männern haben. Und dafür Geld bekommen. Nikolaus erfuhr davon. In der Nacht steckte er Goldklumpen in ihre Schuhe. So rettete er die Mädchen.

Stiefel
Auch heute noch glauben viele Kinder, dass der Nikolaus sie am Abend vor dem Nikolaustag besucht. Und dass er

kleine Geschenke wie Nüsse, Äpfel oder Süßigkeiten in ihre Stiefel legt.

Man sagt ihnen, dass nur brave Kinder Geschenke bekommen. Deshalb haben einige Kinder am Nikolaustag Angst. Sie fürchten sich vor Knecht Ruprecht. Knecht Ruprecht ist der Gehilfe vom Nikolaus. Er hat immer seine Rute dabei. Damit bestraft er die bösen Kinder. Aber keine Sorge! Das ist nur eine Geschichte.

Wunder

Der heilige Nikolaus gilt als Beschützer der Seeleute. Das kam so: Zu Lebzeiten von Nikolaus segelte ein großes Schiff über das Mittelmeer. Ein starker Sturm brach los. Die Seeleute dachten, dass ihr Schiff untergeht. Sie beteten zu Gott und baten ihn um Hilfe. Auf einmal stand ein Mann am Steuerrad. Niemand kannte ihn. Es stürmte weiter. Aber der Mann steuerte das Schiff sicher in den Hafen von Myra. Die Seeleute gingen in eine Kirche. Dort erkannten sie ihren Retter. Es war der Bischof. Es war Nikolaus.

Chanukka

Chanukka ist ein wichtiges Fest für die Juden. Man nennt es auch Hanukkah oder Lichterfest. Die Juden feiern Chanukka jedes Jahr in der Adventszeit. Das Fest dauert acht Tage lang.

Geschichte

Die Juden feiern an Chanukka ein Wunder. Man sagt, dass es vor mehr als 2000 Jahren in Jerusalem geschah. Jerusalem ist eine Stadt in Israel. Damals kamen Griechen in die Stadt. Sie gingen in den jüdischen Tempel. Dort machten sie viel kaputt. Und sie stellten Bilder von ihren Göttern auf. Man sagt: Die Griechen haben den Tempel entweiht. Doch die Juden wehrten sich. Und am Ende besiegten sie die Griechen. Danach wollten die Juden ihren Tempel neu weihen und beleuchten. Sie hatten aber nur noch einen Tropfen Öl für die Lampe. Eigentlich hätte das Öl nur für einen Tag gereicht. Aber es reichte acht Tage lang.

Chanukkia

Chanukka ist ein Familienfest. Dazu lädt man oft Freunde ein. Einmal am Tag stellen sich alle um einen Kerzenständer auf. Er hat neun Arme mit Kerzenhaltern und heißt Chanukkia. Die Kerze in der Mitte nennt man Shemesh. Das bedeutet: Diener. Damit zündet man die anderen Kerzen an. Jeden Abend eine. Bis alle acht Kerzen brennen. Die Menschen singen Lieder und sind fröhlich. Sie wünschen sich alles Gute. Dann isst man gemeinsam.

Kartoffelpuffer
Zu Chanukka essen viele Juden Kartoffelpuffer. Sie heißen Latkes. Die Latkes werden in Öl ausgebacken. Dazu gibt es Lachs oder Apfelmus. Zum Nachtisch gibt es gefüllte Krapfen.

Kreisel-Spiel
Nach dem Essen spielen Erwachsene und Kinder mit einem Dreidel. Das ist ein Drehkreisel. Der Dreidel hat vier Seiten. Auf jeder Seite steht ein hebräischer Buchstabe. Jeder Buchstabe gehört zu dem Satz „nes gadol haja scham“.
Das heißt übersetzt: „Ein großes Wunder geschah dort“.
Man nimmt den Kreisel und dreht ihn. Hinterher kommt es darauf an, welche Seite nach oben zeigt. So entscheidet sich, wer gewinnt oder wer verliert.

Weihnachten

Alle Jahre wieder ist Weihnachten. In den Straßen leuchten bunte Lichter. Es duftet nach Ess-Kastanien. Und viele Leute backen Kekse. Für die Christen ist Weihnachten ein besonderes Fest. Sie feiern die Geburt von Jesus.

Weihnachts-Geschichte
Es geschah vor 2000 Jahren: Maria war schwanger. Da erschien ihr ein Engel. Der Engel sagte ihr, sie würde bald den Sohn von Gott zur Welt bringen.

Zur selben Zeit wollte Kaiser Augustus alle Juden im Land zählen. Sie sollten in ihre Heimatstädte gehen. Maria und ihr Mann Josef gingen nach Bethlehem. Dort brachte Maria das Jesuskind auf die Welt.

Geburtstag

Das genaue Datum von der Geburt kannte niemand. Doch die Christen wünschten sich einen Feiertag. Sie bestimmten den 25. Dezember zum Geburtstag von Jesus. Und das kam so: Die Heiden glaubten an viele Götter. Am 25. Dezember feierten sie den Geburtstag vom Sonnengott Sol. Die Christen glaubten nur an einen einzigen Gott. Deshalb feierten sie nicht mit. Aber sie übernahmen das Datum von den Heiden. Sol und Jesus galten beide als „Lichtbringer". Licht bedeutet in diesem Fall „Hoffnung".

Advent

Die Zeit vor Weihnachten heißt Advent. Advent kommt von „adventus". Das ist lateinisch und bedeutet „Ankunft". Die Christen freuen sich auf die Geburt von Jesus. Viele Leute haben einen Adventskalender mit 24 Türchen. Dahinter warten kleine Überraschungen. Ein anderer alter Brauch ist ein Adventskranz aus Tannenzweigen. Man schmückt ihn zum Beispiel mit Kugeln oder Schleifen. Und mit vier Kerzen. An jedem Advents-Sonntag vor Weihnachten zündet man eine Kerze mehr an.

Heiligabend
Am 24. Dezember beginnt Weihnachten. Viele Menschen schmücken einen Tannenbaum mit Kerzen und mit glänzenden Kugeln. Die Christen gehen in die Kirche. Oft gibt es ein Festessen wie zum Beispiel Gänsebraten. Einige Leute mögen lieber Kartoffelsalat mit Würstchen. Besonders Kinder freuen sich auf die Bescherung. Denn dann gibt es Geschenke. Es heißt: Die bringt das Christkind oder der Weihnachtsmann.

Werbung
Die amerikanische Firma Coca-Cola drehte 1931 einen Werbe-Film. Der Schauspieler trug einen roten Mantel und einen langen weißen Bart. In dem Film verteilte er Geschenke an Kinder. Die meisten Weihnachtsmänner tragen auch heute noch einen roten Mantel und einen langen Bart. Wegen diesem kleinen Film.

Silvester

Am 31. Dezember ist Silvester. Das ist der letzte Tag im Jahr. Das alte Jahr ist vorbei. Nun freuen wir uns auf das neue. Viele Menschen feiern fröhlich bis in den frühen Morgen.

Papst

Im Jahr 1582 verlegte man den letzten Tag des Jahres vom 24. Dezember auf den 31. Dezember. Man gab dem Tag den Namen Silvester. Benannt nach Papst Silvester dem Ersten. Er starb am 31. Dezember im Jahr 335. Also viele Hundert Jahre früher.

Wotan

Silvester ist kein christliches Fest. Es ist ein alter Brauch von den Heiden. Die Heiden hatten einen Kriegsgott. Sein Name war „Wotan". Sie glaubten, dass Wotan in den Tagen um den 31. Dezember besonders grausam ist.

Denn dann herrschen die „Rauhnächte". Besonders dunkle und lange Nächte. Die Heiden fürchteten sich vor Wotan und vor seiner Geister-Armee. Deshalb zündeten sie große Räder aus Holz an. Sie ließen die Räder in die Täler rollen. Dabei machten sie viel Lärm.

Neujahr

Wir glauben nicht an Wotan. Auch nicht an seine Geister. Aber wir jagen gerne Böller in die Luft. Und wir schießen gerne Raketen hoch. Das machen wir genau um Mitternacht. Also

um 0 Uhr. Dann öffnen viele Leute eine Flasche Sekt. Sie wünschen sich ein frohes neues Jahr.
Jedes Jahr geben die Deutschen an Silvester etwa 100 Millionen Euro für Böller aus. Immer mehr Menschen finden, dass man das Geld lieber armen und kranken Menschen geben soll.

Bleigießen

Das Bleigießen ist ein alter Brauch. Man legt ein Stück Blei auf einen Löffel. Den Löffel hält man über eine Kerze. Das Blei wird flüssig. Nun gießt man das flüssige Blei in eine Schale mit kaltem Wasser. Das Blei wird wieder hart. Es hat jetzt aber eine neue Form. Es heißt, dass man aus der Form die Zukunft lesen kann.
Aber Achtung! Blei ist gefährlich. Beim Bleigießen entstehen giftige Dämpfe. Daher verwendet man heute flüssiges Wachs. Das ist nicht so gefährlich. Und macht auch großen Spaß.

Wörterliste

Seite 7: Brauch
Gewohnheit, die man an bestimmten Tagen im Jahr mit anderen Menschen teilt; auch: Überlieferung, Ritual

Seite 8: Koran
das „Heilige Buch“ der Muslime

Seite 8: Thora
die „Heilige Schrift“ der Juden

Seite 8: Heilige
Menschen, die im christlichen Sinn Gutes getan haben. Sie werden vom Papst erst seliggesprochen und dann heiliggesprochen.

Seite 8: Legende
kurze religiöse Geschichte über das Leben und den Tod von Heiligen; ausschmückende Erzählung

Seite 8: Weihrauch
aromatisches Harz vom Weihrauch-Baum; ein Heilmittel und ein Räuchermittel zur Segnung in der Kirche

Seite 8: Myrrhe
aromatisches Harz vom Myrrhen-Baum; ein Heilmittel und ein Mittel zur Einbalsamierung von Leichen

Seite 10: Gebeine
Gerippe; Skelett; menschliche Knochen

Seite 10: Schrein
Kasten oder Truhe; in der katholischen Kirche: kostbarer Behälter für die Gebeine eines Heiligen

Seite 11: National-Sozialisten
Anhänger von Adolf Hitler und seiner Politik; kurz: Nazis

Seite 11: Konzentrations-Lager
Arbeitslager; Vernichtungslager; gebaut und betrieben von den National-Sozialisten

Seite 12: Gaskammer
geschlossener Raum in den Konzentrations-Lagern, in dem die National-Sozialisten Menschen mit Gift-Gas töteten

Seite 14: Kaiser
lateinisch: Caesar; der Titel für einen Herrscher. Ein Kaiser hat mehr Macht als ein König.

Seite 15: Papst
Oberhaupt der katholischen Kirche

Seite 17: Neumond
Mond-Phase, bei der man den Mond von der Erde aus nicht sieht

Seite 17: Winter-Sonnenwende
Der kürzeste Tag im Jahr. An diesem Tag erreicht die Sonne ihren tiefsten Stand.

Seite 18: Tempel
Gebäude für eine Religions-Gemeinschaft; Menschen beten dort.

Seite 20: Rathaus
Gebäude, in dem die Ämter von einer Stadt oder Gemeinde untergebracht sind; oft auch der Arbeitsplatz vom Bürgermeister

Seite 20: Kostüm
Verkleidung für einen bestimmten Anlass

Seite 23: Hindu
Der Hinduismus ist eine indische Volksreligion. Die Anhänger heißen Hindus.

Seite 24: DJ
Männliche Abkürzung für „Discjockey“. Ein DJ legt Musik vor Publikum auf. Die weibliche Abkürzung lautet „DJane“.

Seite 24: Techno
eine elektronische Tanz-Musik

Seite 25: Tessin
Gebiet in der Schweiz; liegt auf der Südseite der Alpen

Seite 26: Narr
Spaßmacher, Karnevalist; aber auch: Dummkopf, Blödmann

Seite 27: Ball
Tanzfest; Tanzveranstaltung;
oft mit einer Musik-Kapelle

Seite 28: Passahfest
jüdisches Fest; erinnert an den Auszug der Juden aus Ägypten

Seite 28: Prozession
christlicher Brauch; feierlicher Umzug von Gemeinde-Mitgliedern und Geistlichen

Seite 28: Jünger
So heißen die Anhänger von Jesus. Man nennt sie auch Apostel.

Seite 30: Germane
Die Germanen waren ein Volk, das früher in Mitteleuropa und Nordeuropa lebte.

Seite 31: Moschee
Gotteshaus der Muslime; ähnlich wie eine Kirche, ein Tempel oder eine Synagoge

Seite 31: Imam
Vorbeter in der Moschee;
Gelehrter im Islam

Seite 34: Streik
vorübergehende Niederlegung der Arbeit in einem Betrieb; Ziel ist die Durchsetzung von Forderungen.

Seite 35: Gewerkschaft
Vereinigung von Arbeitnehmern. Die Gewerkschaft vertritt die Interessen von Arbeitnehmern gegenüber den Arbeitgebern.

Seite 37: Brocken, Harz
Der Brocken ist der höchste Berg im Harz, einem Gebirge in Norddeutschland.

Seite 43: Bollerwagen
Auch: Leiterwagen. Wagen aus Holz mit vier Rädern. Man zieht ihn hinter sich her.

Seite 44: Heiliger Geist
Nach Auffassung der Christen ist der Heilige Geist ein Teil von Gott, der immer bei den Menschen ist.

Seite 45: Schawuot
Mit diesem Fest feiern die Juden die Übergabe der Thora durch Gott an das Volk Israel.

Seite 54: Mönch
Männlicher Angehöriger von einer Glaubens-Gemeinschaft. Verzichtet auf Ehe, Sex und Besitz. Mönche leben gewöhnlich gemeinsam in einem Kloster. Die weibliche Form ist Nonne.

Seite 57: Fratze
verzerrtes Gesicht

Seite 58: Seele
Das Innere, das Gefühls-Leben. Christen glauben, dass die Seele nach dem Tod weiterlebt.

Seite 63: Bischof
Leiter von mehreren Kirchen-Gemeinden. Ein Bischof wird in der katholischen Kirche vom Papst bestimmt. In der evangelischen Kirche wird der Bischof von den Mitgliedern der Landes-Kirche gewählt.

Seite 63: Tours
Stadt in Frankreich

Seite 65: Rute
ein langer, dünner, biegsamer Zweig

Seite 67: entweihen
Ein Tempel oder eine Kirche ist ein heiliger Ort. Wird dort etwas getan, was nicht dem Glauben entspricht, ist der Ort entweiht. Man sagt auch schänden oder entehren.

Seite 68: Krapfen
Berliner, Kräppel, Pfannkuchen; rundes Gebäck aus Hefeteig; oft mit Marmelade gefüllt

Seite 68: hebräisch
Das ist die Amts-Sprache in Israel. Sie ist aus der alt-hebräischen Sprache entstanden. Sie wird von einem Großteil der Juden in Israel gesprochen.

Seite 70: Heiden
Das ist eine Bezeichnung für Menschen, die nicht nur an den einen Gott glauben.
Der Begriff wurde früher oft abwertend benutzt.

Seite 73: Blei
Blei ist ein Schwer-Metall und ist giftig für Lebewesen.

Bildnachweis

Seite 8: Karl-Michael Soemer/Pixelio.de; Seite 9: Windmill Productions/Shutterstock; Seite 10: Pix24/ Pixabay; Seite 11: Katarzyna Mayer Bzowa/Pixabay; Seite 12: Tauav/Stock.Adobe.com; Seite 13: jd-photodesign/ Stock.Adobe.com; Seite 14: Windmill Productions/ Shutterstock; Seite 15: Doris Heinrichs/Stock.Adobe.com; Seite 17: Windmill Productions/Shutterstock; Seite 18: Windmill Productions/Shutterstock; Seite 19: Wikimedia Images/Pixabay; Seite 20: Windmill Productions/ Shutterstock; Seite 21: M. W. /Pixabay; Seite 22: Pattadis Walarput/Pixabay; Seite 23: Shutterstock; Seite 24: Sven Kammann/Pixabay; Seite 25: Windmill Productions/ Shutterstock; Seite 26/27: Africa Studio/Stock.Adobe.com; Seite 28: Clker-Free-Vector-Images/Pixabay; Seite 29: Ashestoelder/Pixabay; Seite 30 Foto: Amyelizabethquinn/ Pixabay, Illustration: Windmill Productions/Shutterstock; Seite 31: Afshad Subair/Pixabay; Seite 32: Windmill Productions/Shutterstock; Seite 33 von oben nach unten: Firas Hassoun/Pixabay, Public Domain Pictures/ Pixabay, Ambroo/Pixabay, Ahmas Ardity/Pixabay; Seite 34: Tribalium/Shutterstock; Seite 35: Sergej Kohl/ Shutterstock; Seite 36: Ulrike Leone/Pixabay; Seite 37: Gerhard G./Pixabay; Seite 38: Timo Klostermeier/ Pixelio.de; Seite 39: Helene Souza/Pixelio.de; Seite 40: Shutterstock; Seite 41: Dorothee Quennesson/Pixabay; Seite 42: Ranellita/Pixabay; Seite 43: Couleur/Pixabay; Seite 44: Photosforyou/Pixabay; Seite 46: Gerd Altmann/ Pixabay; Seite 47: OpenClipart-Vectors/Pixabay; Seite 48: Erwin Litschauer/Pixabay; Seite 49: Hauswurzn/ Stock.Adobe.com; Seite 50: Markus Größing/Pixabay; Seite 51 oben: Gerhard G./Pixabay; Seite 51 unten: Media Design & Media Publishing/Pixabay; Seite 52/53: Photomat/Pixabay; Seite 54: Hans Benn/Pixabay; Seite 55: jggrz/Pixabay; Seite 56/57: PublicDomainPictures/Pixabay; Seite 57: Shutterstock; Seite 58: Dieter Ludwig Scharnagel/Pixabay; Seite 59 unten: Shutterbug/Pixabay; Seite 59: Laila Lila/ Pixabay; Seite 60: Heung Soon/Pixabay; Seite 61: Schmaelterphoto/Stock.Adobe.com; Seite 62: Wandbild am Kindergarten Bad Bergzabern/Andreas Praefcke/ Wikimedia Commons, gemeinfrei; Seite 63: Jeyaratnam Caniceus/Pixabay; Seite 64: Gordon Johnson/Pixabay; Seite 65: Pixaline/Pixabay; Seite 66: Karl Michael Soemer/ Pixelio.de; Seite 67: mmi9/Pixabay; Seite 68 oben: Taken/ Pixabay; Seite 68 unten: Public Domain Pictures/Pixabay; Seite 69: Falco/Pixabay; Seite 70: Radoan Tanvir/Pixabay; Seite 70/71: Petra Vork/Pixelio.de; Seite 71: Monika Grafik/ Pixabay; Seite 72 Feuerwerk: Windmill Productions/ Shutterstock, Glücksklee: Elionas/Pixabay; Seite 73 oben: Nora 29/Pixabay; Seite 73 unten: Annacapictures/ Pixabay; Seite 74: Roman Paroubek/Pixabay